コミック

強運 1

ツキを呼び込む四原則・編

[原作] 深見東州

[マンガ] 保沢　環

目次

主な登場人物

源 貴光《みなもとのたかみつ》

■日ノ本《ひのもと》 一《はじめ》の守護霊《しゅごれい》。幸運を逸《いっ》し続けている一《はじめ》を心配して現れた。

日ノ本《ひのもと》 一《はじめ》（27歳）

■世の中の不幸を背負い込み、自分をダメ人間だと思い込んでいる“光《ひかり》自動車”の営業マン。

花咲《はなさき》 明《あきら》（27歳）

■日ノ本 一が勤務する“光自動車”の同僚。仕事ができて、人望もある。

白川《しらかわ》 美鈴《みすず》（23歳）

■“光自動車”のマドンナ的存在。花咲 明の恋人。日ノ本 一も密かに思っている。

第1章

守《しゅ》護《ご》霊《れい》はいる⁉

HIKARI
4WD
HIKARI
光《ひかり》自動車 けやきが丘支店
今月の営業成績を発表する
おーーっ
パチ パチ
トップは先月に引きつづき 花咲《はなさき》 明《あきら》
そして最下位は契約数ゼロの――
日《ひ》ノ《の》本《もと》 一《はじめ》
ぎくぅっ

日ノ本 おまえ やる気 あるのか!?
パシパシ
スッ スミマセン
同期の花咲がトップだってのに悔しくないのか?
なまえは日本一なのに
そろそろリストラじゃないの?
——ったく お前のせいで支店全体の成績が下がるんだからな
俺がダメ男だってことは自分が一番よくわかってるさ
仕方ないじゃないか
俺には営業なんて向いてないんだから

そもそも入りたかった会社じゃないんだし……
はー
それにくらべて
ちらっ
あははっ
花咲《はなさき》 明《あきら》……オマエなんか光り輝いてないか?
花咲スゴイな
その調子でこの支店を全国一にしてくれよ

がんばりますので よろしく ご指導ください
同期の花咲は 仕事もできて 見ためもよく 人望がある
おまけに……
花咲さん 今月もトップ ですって？ スゴいわ
支店のマドンナ 白川《しらかわ》美鈴《みすず》と 付き合っている らしい
ああっ なんで?!

世の中の幸運をすべて手にしているかのような花咲と……
何をやってもダメな俺
同じ人間でどうしてこんなにちがうんだ
は〜〜〜〜
営業する気にならないや

早めに終えて久美子《くみこ》でも誘って食事でもいくか……
ぱくぱく
久美子はうちの会社にバイトで来てた女のコ
思い切って食事に誘ったらOKしたので
それ以来ときどき会っている
よく食うなーー
顔もスタイルもイマイチだけど
そのほうが自分に引けめを感じずにすむもんな

もし 今
目の前にいるのが 白川 美鈴だったら どんなにいいだろう……
はーー
……
あのさ…… 付き合い始めて 2か月たつし ちょっと どこかで 休んでいかない？
……
私達 もう 会わないほうが いいみたい
え？

そんな……どうして？
日ノ本さん私のことあまり好きじゃないでしょ？
そ……そんなことないよ
いいの私もそうだったから
お互い別の相手を探しましょう
さよなら
自分にとって安全パイだと思ってた女にあっさりフラれるなんて……
オレってサイテーじゃん!!

俺みたいな
人間は
何やっても
ダメなんだよな
いつだって
何やったって
貧乏クジ
引いちまう
そういうふうに
なってるんだ
俺の人生は
パアーー
ガッ

どうせ自分の運命が決まってるなら
いっそここから飛びおりて一気にケリをつけるか……!!
その考え方はまちがっておるぞ
お前がその気になれば悪い運気を断ち
な……なんだ誰だ?
運命を変え人生を変えることが可能なのじゃ

運とは
自分で切り開くものぞ

ぶァははは
なんだあ?
そのヘンテコなカッコウは!?
いったい　どこの酔払《よっぱら》いだ?
我が名は源《みなもとの》貴光《たかみつ》
お前の守護霊《しゅごれい》じゃ
守護……
霊……?

リリリリ
もぞっ
う……ううん
リリリリリ
頭がズキズキする
カンペキに
二日酔いだ～～～
リリリリ
ずるずる
リリリ
しかも……
なんだか
すごーく
ぴた
変な夢
見てた
ような……

夢ではないぞよ
一《はじめ》殿
お前はいったい誰だ？
なんで俺の部屋にいるんだよ
わが名は源貴光
おぬしの守護霊《しゅごれい》じゃ
おぬしの遠い昔の祖先に当たる
生前は平安時代非常に位の高い貴族じゃった
守護霊・豆知識
守護霊とは、自分の遠いご先祖様がなる場合が多い。守護霊になるためには、神霊界の「ライセンス」が必要。（『強運』より）
このテ・変なヤツはヘタに刺激しないほうがいいのかも
ドキドキ

どうしてその守護霊様が俺の目の前に現れたのかな?
ニコニコ
うむ
守護霊は本来ひとりひとりにいて守っておる
本人が必死で前向きに現実的努力をしているときは直接守護し
私もがんばるぞ
そうでないときは
だりー
働くのいやー
あ~も~コイツはっ
遠くから見守るだけの間接守護を行なっている

しかし間接守護の場合でもまだ寿命がきてないのに
生命の危機になった場合は別っっっ
瞬間的に直接守護いたすのじゃ!!
昨夜――
そうか…… 俺 死のうとしたんだ
死んでやるー
本当ならこんな人生終わりにして楽になれたのに
ヘナヘナ
酔払って こんな変な男…… 連れ込んで
何やってんだ俺つつつつ!!

また落ち込んでくよくよしておるのか 一《はじめ》殿の場合そのマイナス思考が幸運を遠ざけているのだぞ
よいか 一《はじめ》殿 世の中には何事もトントン拍子に進む人間とそうでない人間があろう
ああ……
俺なんか何やっても失敗するタイプだけどな
運をつかむにはコツがある!!
そのコツを知り行動すれば誰でも強運を引き寄せることができるのじゃ!!
ばかばかしい 運をつかむコツだなんて そんなもんがあったら苦労しないって

本当にある!!
ケッ
幸運に恵まれている人間は根が明るい
人生を深刻ぶってジメジメ考えずなんでも自分のプラスになるよう考える
どーにかなるさ
次は絶対大丈夫
たとえ失敗しても『成功の前のステップ』『貴重な体験』——と考えてすべてが成功への糧となってしまう
逆に失敗して落ち込んでばかりいると目の前の逆転のチャンスに気付かない
俺はダメだ ツイてない いつもこうなんだ
どんより
『どうせ また失敗する』——と思い込んでせっかくの幸運も自分で手放してしまう

幸運や幸福は向こうから転がり込んで来るのではないこちらから引張《ひっぱ》りよせるのがコツじゃ!!
それにはいつでも前向きでクヨクヨせず明るく考え行動することが大事なのじゃ
バカバカしい
そんな単純なコトで運を上げ下げできるもんか
やれやれ一《はじめ》殿はちとひねくれておるのう
あ゛っ
完ペキに遅刻だ——
会社の始業時間とっくに過ぎてんじゃん
バタバタ

………
ツイてないっ
営業成績最悪で叱られた翌朝に遅刻なんて
貴光お前が本当に俺の守護霊だっていうなら
助けてくれー
がるー
HIKARI
4WD
HIKARI
HIKARI

いや――
災難だったな
は？
山下線が全面ストップしてんだって？
ぜぜ
あのへんは振り替え輸送の手段もないししかたないよな
山下線がストップ？
全然そんなことなかったぞ
ぬっ
少しは私を信じる気になったか？

ダ……ダメだよ
こんな所まで
ついてきちゃ
大丈夫じゃ
私の姿は
一殿《はじめ》にしか
見えぬ
何やってんだ
日《ひ》ノ本《もと》
何って
コイツ…
え？
コイツの姿だけ
ガラスに
映ってない!!
くるっ

クスッ
ゴク…
それじゃあ本当に守護霊?
コイツのいってること全部 本当なのか?
第3倉庫

キョロ
キョロ
よし誰もいないな
貴光!!
いるんだろ?
貴光!!
そう気安く呼ぶでない!!
ぬっ
出た!!
げほげほ
「出た!!」などと人をもののけみたいに……
私はこういうホコリっぽい場所は苦手なのじゃ
——信じてもいいぜ
お前が俺の守護霊だってこと
ほう
でもだとしたら

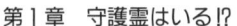

なんで今まで俺のこと助けてくれなかったんだ？
守護霊ってのは俺を守ってくれる存在なんだろ？
俺の今までの人生思い返してみろよ
例えば 小学校の林間学校の日
台風が直撃して林間学校は中止
中学の修学旅行のときは40度の熱が出て参加できず
おまけに大事にしてた自転車が飛ばされてしまった
ひゅ～
あっ
ハァハァ
何よりショックだったのは

好きだった女のコが
えっ
その旅行をきっかけに俺の友達と付き合い始めたこと
ショックでさらに寝込んだ
ううっ
大学の入試の日は大雪
ビヨオオオオ
家を出た所で足を滑らせ
つるっ
骨折して全治1か月浪人決定
そして就職活動
30社受けてことごとく不採用
唯一入れた会社は1番やりたくなかった営業の仕事
成績最低で上司に怒鳴られる毎日——

最悪じゃのう
もらい泣きしちゃうぞよ
お前がいうな
そういう最悪なときに助けてくれるのが守護霊じゃないのかよ
ふうむ
それはちとまちがっておる 私はちゃんとそちを助けておったぞ
小学校のときの話じゃが
台風がくるわよ 自転車をしまいなさい
——と何度も母君を通じて忠告したが聞こえんようじゃった……

中学のときも
暖かくして早く眠ったほうがいいんじゃないの？
はーー たのしみで ねむれない
――と忠告したのじゃがやはり聞こえんようじゃった
かっこいーオレって
大学入試のときもゴム長靴を履くようにいったのに
格好《かっこう》つけて革靴を選んだのは一《はじめ》殿じゃぞ
なんだよ
守護霊の力で台風の進路を変えるとか熱を下げるとかできないの？
守護霊は魔法使いではないからのう

守護霊とは一生懸命がんばっている人間を……
後押しする存在じゃ
例えば空港まで来て急にイヤな予感がして飛行機を1便 遅らせたら
乗るはずだった飛行機が墜落してしまった
なんとなくやめてよかったねっ
悪い予感したしねっ
こういうのを「虫の知らせ」とか「第六感」とかいうが単なる偶然ではない
我々守護霊の導きによるものじゃ!!

じゃあ俺と花咲の差ってなんだよ
ひとつはそなたの
想念次第
想念次第？
悪霊は暗く陰気な感情を好みそういう人間の所へ集まろうとする
また物事を悪いほうにばかり考え疑い深い人は
その結果ひとつの悪運がさらなる悪運を呼ぶ

悪循環《あくじゅんかん》に陥《おちい》ってしまう!!
一《はじめ》殿は明らかにそうなっておる
そこから抜け出し強運を得るには――
『ツキを呼び込むための四原則』
――を実行すること
コクコク
四原……則
原則その一
『運の強い人間と積極的に付き合うこと』

運の強い人間のまわりには良い運気が集まっている
その良い運気を分けてもらうのじゃ
一《はじめ》殿の身近にちょうどよい人物がいるではないか？
身近に？
まさか花咲!?
人望がある
仕事ができる
いつもほがらか
確かにアイツは運がよさそーだけど
アイツと付き合うなんて
ますます自分がミジメになるだけじゃないか!?

それでいいのか？
自分の運気を変え 強運をつかみたくはないのか？
ぐっ
……
……
変われるものなら変わりたいさ!!
……
……
HIKARI
4WDフェア
KARI

今さら
ちつぽけな
プライドを
気にして
なんになるんだ
こうなつたら
あがけるだけ
あがいてやる
カチャ
どうした
日ノ本
契約は
取れたのか?
課長
しばらくの間
僕を花咲と
ペアで
営業させて
ください
成績トップの
彼について
営業のノウハウを
勉強したいんです

はい
どなた?
光自動車
です
少しお時間
いただけないで
しょうか?

いいえ
結構よ
では 新型車のカタログをポストに入れさせていただきます
よろしければお目通しください
日ノ本
カタログと名刺出して
ああ
次 行こう
1か月の期限で花咲と組んで営業することを許してもらつた
あちーっ
花咲 少し休もうぜ
もう30軒以上まわってるけどドアも開けてもらえないし
今日はだめな日なんだよ

何いってるんだ いい日じゃ ないか
ドア開けて くれなくても 呼び出しには 応じてくれるん だから
ホラ行こう 今日の目標は 50軒だからな
50!?
HIKARI
ぜーっぜーっ
ただいま
お疲れさま でーーす

や…やっと帰れた……
死んじゃいそーだ
お疲れサマ
お……俺 顔洗ってくる
日ノ本
おーや ゴマスリ男のお帰りだ
車の売り方 手取り足取り教わったか？
ライバルに弟子入りするなんてプライドないなあ
男子トイ
くそっ
バシャ

なんだよ
いったい
ポン
一殿《はじめ》
だいぶ
参っておる
のう……
炎天下の中
50軒の家を
端から
呼《よ》び鈴《りん》押して
カタログ
渡しただけ
だぜ!?
花咲のヤツ
セールスする気は
まったく
ないみたいだ
俺がくっついて
いる間は
手の内
見せない気
なんだよ
これこれ
忘れるで
ない
また
後ろ向きに
なっておるぞ
一殿《はじめ》
50軒も
訪ねたとは
すごい働き
ぶりでは
ないか
それは
そうだけど

悪いほうにばかり考えてはいかん
何事も良いほうに考えるのじゃ
それが幸運への早道じゃぞ
何事も良いほうに……か
日ノ本今日集めたデータをまとめるから手伝ってくれ
まっまだ働くの!?

お茶 新しいの 入れますね
あ…… どうも
今日 まわった家の データベースを 作るんだ
家族構成
乗ってる車の 次の車検日
収入レベル
車の購入には タイミングが ある
こうやって 情報をストック しておいて
タイミングを 計って 集中的に セールスするんだ
日々のマメな 情報収集が 大切なんだ
わかるだろ？ 日ノ本
そうか……

そういう戦略があったのか!?
売らなくていいんだと思うと呼び鈴を押すのも気楽だ
ピンポーン
こんにちは光自動車です
名刺には必ず一筆添える
それだけで次に来たときの対応が全然ちがうんだ
また伺います. よろしくお
光自動車株式会社
日ノ本 一
Hajime Hinomot
おまえなんか「日ノ本《ひのもと》 一《はじめ》」なんてその名前だけでキョーミもってもらえるじゃん
いいなあ
いいなあ?

日本〜
こんな大げさな名前
恥かしくて大キライだったけど
人からいいっていわれるとうれしくなるから不思議だ
ようは気の持ちようってことだな
へらへら
日ノ本
この家 そろそろ車検なんだ 日ノ本 お前 当たってみろよ
えっ俺が？

ゴク
ピンポーン
こんにちは光自動車です
ああ光さん? ときどきチラシ入れてくれてるわよね
ちょっと待ってね
ガチャ
ドアが開いた
失礼ですが もうじき お車の車検 なんですね あのう 買い替えの ご予定とかは――
ええ そのつもり だったんだけど
やった
でも買い替えは 次の車検でって 思ってるのよ ごめんなさいね
いえ……
なんだ 買う気 ないじゃん

何事も よいほうに 考えるのじゃ
はっ
そうだ 門前払い じゃなくて ドアを開けて くれたんだ
それだけでも ラッキーだよな
情報を 得る チャンス!!
ガサガサ
では ご参考に 興味をお持ちの 車種など あれば
カタログを 置いて いきますが
最近は ミニバンが 人気で……
あら いいわね

そういえば妹夫婦がこんなの欲しがっていたのよねぇ
もっもしよろしければお見積りをお出しできますがご紹介いただけますか？
いいわよ
………
売買契約書
良い運気をもらったようじゃな
貴光!!
確かに今までの自分なら最初の時点であきらめていた
あそこで次につなごうと前向きに考えたからチャンスをつかめたんだ
花咲のおかげだな
コクコク

逆にこれが運の悪いものの側にいると悪い運気を受け
やる気をなくすのじゃ
できれば自分自身が良い運気を周囲に発散するくらいになると
運は飛躍的に開けるのじゃが……
なれるんだろうかそんな人間に
花咲以上の強運を手にすることが

第2章

ツキを呼ぶ法則

契約取ったってぇ!?
ハイッ ミニバン1台ご契約いただきました
花咲《はなさき》と組んで営業を始めて2週間
遂に売れた
入社以来1台も売れなかったお前がっっっ
ついに〜〜〜
ウッ ウッ
課長……
やったな日ノ本《ひのもと》
これからもこの調子でいこうぜ
花咲
契約おめでとうございます
ありがとう
やっぱりかわいいなあ白川《しらかわ》さん

良い運気の流れをつかんだようじゃな
貴光!!
今 不思議なくらいやる気がわいてきてるんだ
人というのは
それほど気分に左右されやすいものじゃ
何事も前向きに考えることが
幸運の鍵ぞ!!
よォしもっと売ってやるぞ
それからというもの——

俺は順調に売り上げを伸ばしていった
営業の基本はとにかく地道に1軒1軒まわること
例え すぐ売り上げにつながらなくても何か情報が得られればそれでいい
営業所に戻ってから花咲とお互いに情報交換して戦略をたてる
そして……
もう〜〜〜ふたりともまだ帰らないの？
お腹 空いちゃった
つづきは ご飯食べながらにしよう
ね？
ハイハイわかったよ

花咲を介して
憧れの白川《しらかわ》美鈴《みすず》と
親しくなれたのは
思わぬメリット
だつた
じゃあ
日ノ本
また 明日
がんばろうな
あ……ああ
もし……

もしも俺が花咲の販売成績を抜いてトップになれば
白川さんは少しは俺のほうを向いてくれるのか……——？
一《はじめ》殿……
すううう

次の日から以前にも増してがむしゃらに営業を始めた
昼間不在の家をまわるため夜のセールスもしたが……
ピンポーン
夜分 おそれいります 光《ひかり》自動車の者ですが
用ないよ
あの じゃあ 名刺置いていきますので
あまり効果は上がらなかった
日ノ本 最近 会議に顔 出さないな
あ…… ああ
夜のセールスはむずかしいぞ
あのっ 悪いけど約束があるから

今月の営業成績を発表する
トップはまたまた花咲 明
やったな花咲
エライぞ花咲っ
かっこいーー明くーーん
ありがとうございます
今後もその調子でがんばってくれ
さて日ノ本
売り上げゼロを返上しただけでなく今月さらに3台売り上げた
あまり期待はしてないが来月もがんばれ
パチパチ
アハハハ

あんなに必死にがんばつたのに花咲の半分も売れないなんて
やっぱり俺の実力なんてこんなものなんだ
俺みたいな男が高望みしたってダメなんだ
何ごとも良いほうに考えるのじゃ
貴光《たかみつ》　お前守護霊だったらなんとかしてくれよ
助けてくれるんじゃないのかよ
貴光!!

シーーン
あ……
れ?
貴光
どうしたんだよ
出て来てくれよ
毎日 営業で
忘れてたけど
そういえば
ずっと現れて
ないかも
貴光!!
……一《はじめ》殿……
いるなら
さっさと
出て来いよ
びっくりする
じゃないか……
力が……
パワーが
弱まって
姿を
現せない
のじゃ

パワーが？いったいどうして？
一殿《はじめ》が抱いた妄想《もうそう》……嫉妬《しっと》……他人を蹴落《けお》としたいという気持ち
そういうものが悪霊を呼び寄せておる……
悪霊!?
そしてそういう悪相念《あくそうねん》が大好きな悪霊どもが
一殿《はじめ》に取り憑《つ》こうとまわりを取り巻いて
近寄ることができんのじゃ
どっどうしたらそいつら追い払えるんだ!?

ツキを呼び込む
四原則の
二つ目
『ツキのある
場所』へ
行け
そして良い気の
エネルギーを
充電するのじゃ
ツキのある
場所……?
それって……
どこだ?
キイ
日ノ本
何やってんだ
こんなとこで
……
課長!!
メロンパン
オヤツ

ツキのある場所どこかご存じないですか？
はぁ？
縁起がいいとかご利益《りやく》があるとか――
そんな場所!!
うーん そうだなあ
金満神社かな？ この辺で1番大きくて立派な神社だ
金満神社!!
ありがとうございます ちょっと行ってきます
あっオイ仕事は？
メロンパン
ここが金満神社か

ぴカーーっ
金満
スッゲェ
立派なお社……
金色だ
金!!
うひゃーっ
幼稚園や
結婚式場も
あるっ
ブライダルなら
金満結婚式
金満 ようちえん
ここなら
バッチリご利益
ありそうだぜ
さっそく
お参りを

これは……
金満
な……
なんだあ?
ゴシゴシ

あれ？今のは目の錯覚《さっかく》？
何か……この神社は良くない気がする……
じゃあいったいツキのある場所はどこなんだ？
貴光!?
どこへ行けばいいんだよォ

このまま
もう貴光《たかみつ》には
会えないかも
せっかく
いろいろなことが
うまくいきかけて
きたのに
はぁぁぁ……
なんだか
気分が悪い
けっけっけっ
あ……

こんな所に神社があったっけ？
さつきの神社よりずいぶん 古くて小さいけど
入り口の石畳には打ち水が
建て物も庭木もきちんと手入れされてるし

社へつづく玉砂利にはゴミひとつ落ちてない
ここだけ空気がちがうような気がする
よかったら休んでいきなさい
遠慮せんでもええ ここの神主《かんぬし》じゃ
茶でも一服 進ぜよう

どうぞ
ど……どうも
これってどうやって飲むんですか?
俺 作法とかぜんぜん知らないもんで
どうってフツーに飲めばいいのじゃよ最初から堅苦しく先入観を持つことはない
目で楽しみ音で楽しみ手触りを楽しみ香りを そして味を楽しむ
あ……いい香り
五感の声を素直に聞いてやればよい

ゴックン
にがっ
わははは
今日はいい風が吹くのう……

気持ちいいなあ……

お客人
は
すっすみませんっっっなんだかボーーっとしちゃてっ
げっ
もうこんな時間!?営業所に帰らなきゃ
またいつでもいらっしゃい
そうだこの本読んでみるかの？
あなたの運がドンドンよくなる
強運
LUCKY FORTUNE
深見
『強運』……

ちゃんとお参りしていくか
さっきまでの迷いや悩みがウソのように
心が軽い

やっとツキのある場所を見つけたようじゃな
貴光!!
貴光〜〜〜!! よかった――っ 会えてよかったよ
一《はじめ》殿……

これからはオレももっとお前のこと信用するよ
一《はじめ》殿がそう素直だと気持ち悪いのう

パラ
そもそも「ツキのある場所」というのはどういう場所のことなんだ？
うむ……
神社や寺に限らず神様や仏様を祭《まつ》っている場所には
強力な善霊
——がおりエネルギーを充電できるのだ

一《はじめ》殿でも
その気になれば
わかる
金満
なんとなく
汚らしくて
信心が感じられない
神社やお寺は
やめたほうがいい
駐車場や結婚式場
幼稚園などの
サイドビジネスに
執着しているのも
問題だ
金満 ようちえん

それじゃ俺が最初に行った神社は!?
コクコク
最悪の見本じゃ
やっぱななんかいやーな気がしたんだよな
神主《かんぬし》・僧侶《そうりょ》に真心や清潔さがありサイドビジネスに執着していない
周囲に樹木が多く土があり
掃除や手入れが行き届いている

社の周囲にラブホテルや歓楽街などがないことも大切じゃな
なるほど
そうであろう？
いわれてみると納得できることばかりだな
ご神霊を軽んじて金もうけに走っているような神社からは神様も逃げ出して神界へもどられてしまう
大ヒット神社
もうかり神社
かえろーかえろーっ
金もうけのダシにされてはかなわん

あとには凶々《きょうきょう》しい悪霊や邪霊などが棲《す》みつくこととなる……？
こういう神社や寺で自分の幸運や利益を願ったりしたら最後……
いっせいに我利《がり》我利《がり》亡者《もうじゃ》の悪霊たちがピタ――ッと取りついてしまう
でっでも友人の結婚式で呼ばれたりしてそういう神社に行くことってあるじゃん!!
そういうときは
決して己《おのれ》自分の願《がん》をかけてはいけない
どうぞこの神社が発展しますように
この程度にとどめるか 頭を下げるだけにしとくがよかろう

良い神社というのは行けばわかる
すがすがしい空気が漂っている
発展的な気分になる
全体がとても明るいフンイキである
――と感じることができるはずじゃ
確かに次に行った神社は気持ち良くてすがすがしかった
お茶入れてくれて本までくれた

あそこの神主 まことに清く正しい真心のこもった人物であった
うん うん
あの神社はこのあたりの一の宮であったし
……
一の宮？
一の宮には産土神《うぶすながみ》様がおられる
産土神様は出産・結婚 死後案内はもとより
日常生活 全般にわたり直接 働いておられる神様じゃ
その土地に住む人々を先祖代々守り導いておられる方じゃ

生活に関しては
遠くの有名神社より
近くの産土神様の
ほうが頼りになる
しかも
そのパワーは
強大!!
現に
そこに
一《はじめ》殿は自然に
引き寄せられた
のじゃ
それも
産土神様の
お導きやも
しれぬ
そういえば
さ迷ううちに
たどり着いた
んだ
まるで誰かに
引き寄せられ
るように……

神様って
いるのかも
しれないいなあ
――だとしたら
自分より
優れた人間を
うらやみ
妬《ねた》むなんて
くだらない
素直にその人の
良い所を認めることが
己を高めることに
なるんだな
悪霊に
取り憑《っ》かれるのは
コリゴリだし
まずは
花咲と
仲直りだな

HIKARI
HIKARI
花咲
頼む!!
また俺とチームを組んでくれ
え?
ごめん
お前のおかげで成績上がったのに
お前のこと追い越したくてアセってた
虫がいいとは思うけど許してもらえないか

許すもなにも
オレはべつに
ケンカした覚えも
ないぜ
クスッ
さっ
行こうぜ
今日は
かえで町に
行こう
おっおう
やっぱ
花咲は
スゴイ!!

今は
素直に
そう思う
花咲の側にいて
いろんなことを
勉強するぞ――っ
コクコク
よしよし

ツキを呼び込むための
四原則
その一
運の強い人間と積極的に付き合うこと
その二
ツキのある場所へ行くこと
その三は？

貴光ちゃんその三は何？
整理整頓じゃ
は？
ゴミもそのままホコリは山のように積もっており何もかも出しっ放しっ
こんな部屋《へや》でよく暮せるのう……

オフクロみたいなこというなよ!!
そんなことツキを呼ぶのにカンケーないだろ?
けっ
バカモノ
ツキを呼び込む四原則
その三は『整理整頓!!』
乱雑な部屋は運勢が悪い
ご神霊は汚い場所を嫌い寄りつかない
逆に悪霊が集い遊ぶ場所となるのじゃ!!
汚いとこ大好き
ずっといついてやろうぜ

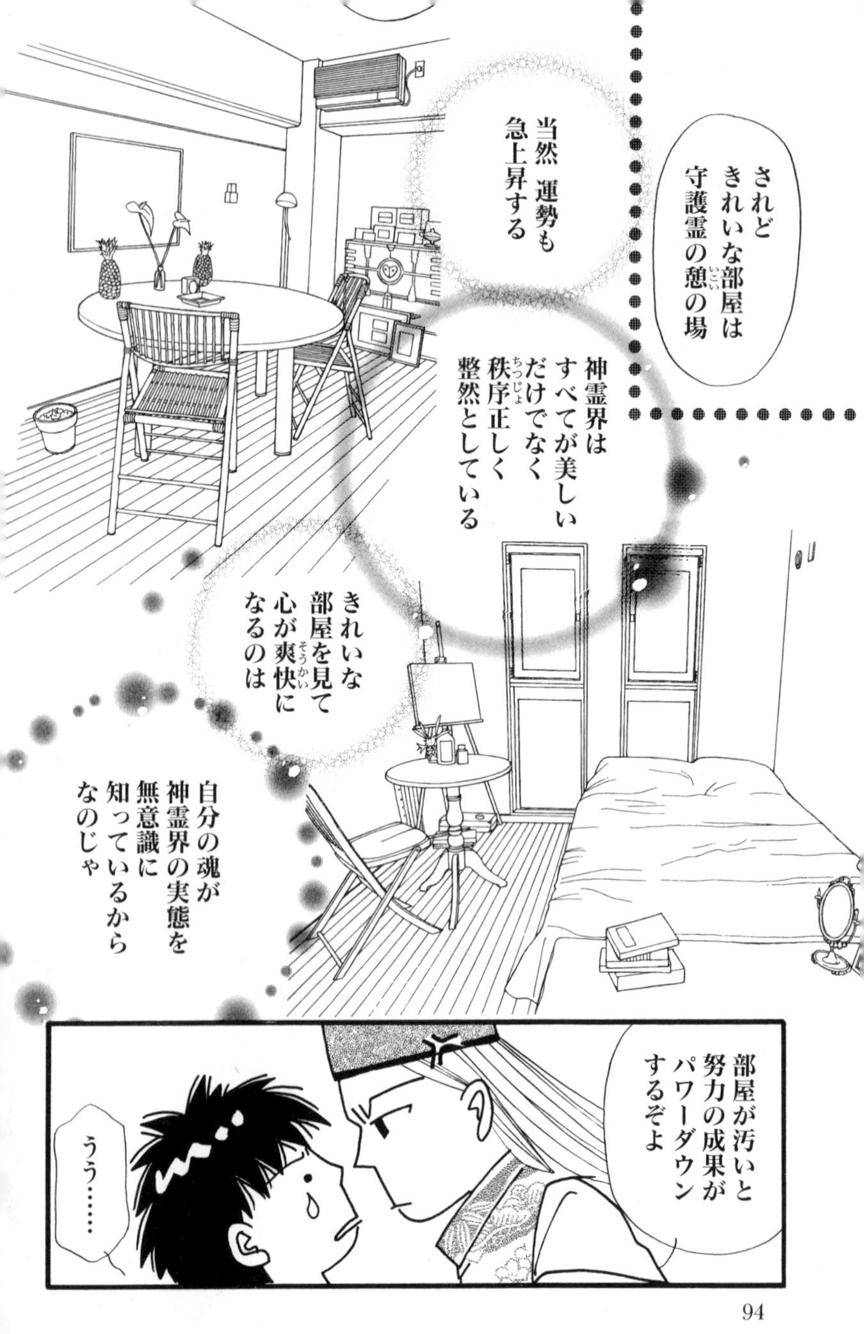
されど
きれいな部屋は
守護霊の憩《いこい》の場
当然 運勢も
急上昇する
神霊界は
すべてが美しい
だけでなく
秩序《ちつじょ》正しく
整然としている
きれいな
部屋を見て
心が爽快《そうかい》に
なるのは
自分の魂が
神霊界の実態を
無意識に
知っているから
なのじゃ
部屋が汚いと
努力の成果が
パワーダウン
するぞよ
うう……

わかったっ 掃除《そうじ》するっ させていただきます
スーパーダイエイ
これでいいかなあ?
よくおちーる
日ノ本さん?
白川さん
偶然ね お買いもの?
部屋の大掃除しようと思って

大掃除？日ノ本さんってマメなのね
いっいや それがね 派手に散らかってて人が住める限界ってゆーか
このままだとキノコでも生えそーで
――って 何 いってんだ 俺
あははは
私 手伝いに行きましょうか？
えっ
今日 ヒマなの
それに ふたりでやるほうが早いでしょ？

メッチャうれしいっ
でも
あの部屋を見られたら
ぶーーん
こんな部屋に住めるのは人間じゃないわーー
きゃーっ
きゃーっ
ーーってなるぜってーー
い……いやありがとう大丈夫だから
そう？

ああっ もう少し 部屋がマシ だったら
白川さんと 仲よくなる チャンス だったのに
だから いったであろう 汚い部屋は せっかくの 幸運を逃すの だと……
コクコク
今日は 徹底的に 掃除するが よかろう!!

労を惜しまず
いつも身のまわりを
きれいにしておけば
自然とやる気も
わき出してくる
部屋を
片づけ
きれいにする
ことは
誰でもできる
手軽な
開運法
じゃ!!

やっぱ部屋がキレイだと気持ちいいな
そうであろう？
この調子で明日は一《はじめ》殿の会社の机も片づけねばの
コクコク
花咲
今日はおおば町のほうまわってみようか？
HIKARI
4WDフェア

それもいいけど
ひかりヶ丘のほう
行ってみないか？
あの辺
新しい
建て売り
バンバン
できてるし
へェ……
そーじ
した
……
どっから
そんな情報
仕入れるんだ
新聞の
折り込み
チラシさ
ひかりヶ丘ニュー
全20棟
住宅の売り出し
イコール
新しい住民が
増えるって
ことだからね
なるほど——
ポン
花咲といっしょに
営業にまわることは
俺にとって
すごく刺激になる
花咲は
自分のノウハウを
惜し気もなく
教えてくれる

日ノ本 洗たくもの 見てみろよ
このあたりは 子供が多いな
入れるチラシは ファミリー向けの ワゴンで いいな
なるほど……
このまま 花咲に ついていけば
そこそこの 契約を取ることが できるだろう

でも
それだけで
いいんだろうか？
花咲の後を
追うだけで
オレは？
俺自身の
目標は？

そろそろ最後のキーワードが必要かの?
貴光……
うん……
その四は『強い意志とビジョンを持つこと』
そうすれば運勢は20倍向上する

不可能を
可能にする力
それは
強い信念
自分はできる
いや すでに
できている
そう強く念じれば
内なる霊的パワーが
引き出され
驚くべき結果を
得ることが
できる!!
念じればできる
——といわれても
すぐには
信じられないよ

これこれ
それがイカンと
いうておる
じゃろう!!
そんなこと
いったって
将来に確かなビジョンを
描き それに向かって
強い信念で進むのじゃ
それが
多くの人々に
役立つものであれば
我ら守護霊も
さらに多いに
力を貸そうぞ

自分を信じて
前向きな意志を
持ち進めば
スウッ
必ず道は
開かれようぞ
貴光
おい
貴光!?
……
自分を
信じて……
——か……
たっ
大変だ——

なんだ
なんだ
騒がしい!!
もぐ
もぐ
そっ
それが
うちの
営業所の
30M先に
……!!
太陽《たいよう》自動車の
ショールームが
オープンする
そうです!!
太陽
自動車が!?

第3章

チャレンジ精神でのりこえろ！

太陽《たいよう》自動車
自動車業界で
国内トップシェアを
誇る大企業である
ちなみに
光《ひかり》自動車は
国内 第4位
太陽自動社
——我々 光自動車は
この地ですでに
何年も営業を
つづけており
積み重ねてきた
地域との
信頼関係がある
厳しくなると
思うが
太陽と闘って
欲しい!!
ざわ
ざわっ

参ったなあ
せっかく成績が
波に乗ってきた
――と思ったら……
花咲《はなさき》
どう思う？
実は俺
太陽落ちて
光自動車に
入社したんだ
え？
だからヤツらには
絶対 負けたくない
絶対に

花咲みたいな男にも挫折《ざせつ》があったんだなぁ
人生万事順調にきたのかと思ったけど
人生 誰しも苦難にぶち当たることがあるものじゃ
そういうときどう対処するかでその後の人生が大きく変わるのじゃ
そうだよな
挫折で味わった悔しさを
エネルギーに変えて前向きに生きようとする

花咲はエライよ
俺だったらしばらく落ち込んで何もできないよ
一《はじめ》殿はそれで今までたくさんの幸運を逃がしておるからの
は〜っ
コクコク
コクコク
いやっ
しかしこれからの俺はちがう!!
ぐっ
おーっ
いつでも前向きにガンバルぞー
そうじゃ 一《はじめ》殿
その精神でこれから起きる大きな試練を乗り越えるのじゃ!!

太陽自動車の
支店が
オープンした
こんにちはー
光自動車です
ピンポーン
悪いねえ……
車 買い換え
ちゃったんだよ
太陽さんで
え
光さんとも
付き合い長いん
だけど
太陽さんに
思いっ切り
安くして
もらってね——
不況の今
客の目は
より
シビアだ
完全に
負けてます

奴ら信じられない値段で攻めてるんです
今のままじゃたちうちできません
こうして太陽自動車との激しいダンピング合戦が始まった
ウチも値引きラインを太陽と同等まで下げる!!
しかし……
このままだとうちは負ける!!
ええ!?

そんなことまだわからないじゃないか!?
いや……値下げ競争は最後は結局企業の体力勝負になる
業界トップの太陽とウチでは結果が見えてる
なんとかしなければ
なんとか……
そうはいっても他に策があるわけでもなく
とにかく毎日歩きまわるしかなかつた

花咲の
いつた通り
だつた
こつちが
値段を下げると
すぐまた太陽も
値段を下げた
それに
合わせると
また一段と
下げてくる

あいつら
うちの支店をつぶす気か……
課長の声が震えていた
ガミガミ怒鳴られてばかりで
俺にとっては煙たいだけの上司だけど
ダメかもなこの支店

これを機に転職したほうがいいかもな
自動車業界今辛いし
HIKA
営業まわりのフリして就職活動するか?
……
昔のような支店に戻したい!!
活気あふれたあのころに……!!
貴《たか》光《みつ》!!

助けてくれよ
貴光!! お前の力で なんとか できないのか!?
それは できぬ
できぬのじゃ 一《はじめ》殿……!!

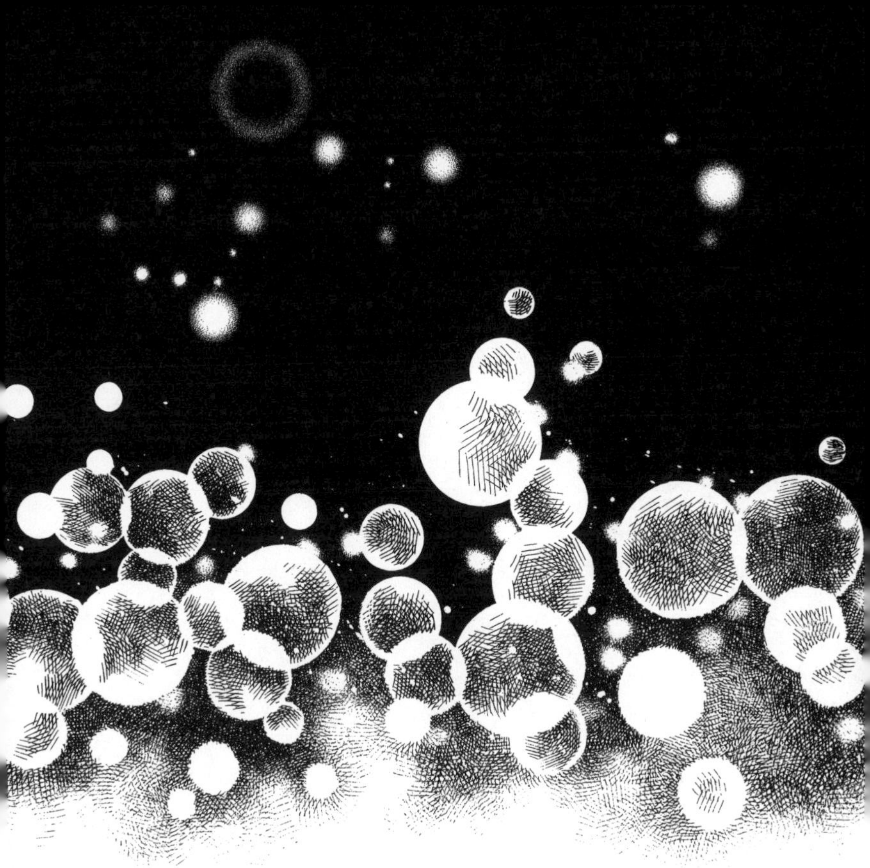

確かに守護霊は
いつもお主《ぬし》を
見守っている

だから
「守られている」
「守護霊は
自分の味方だ」

——と意識を
強く持つだけで

守護霊自身も
気持ちよく
力を発揮することが
できるのだ

それにのう……
ピンチのたんびに助けていては
一生懸命やらなくても守護霊が助けてくれるからいーや……
だーらだーら
おそらくぐうたらな怠け者になるであろうな
キッツー
たかみっちゃん
でもどうすればいいのかわかんないよ
支店を救えるようなアイデアなんて浮かぶわけないし
それがイカンと最初からいっておるじゃろう!!

前向きに努力すれば道は開ける
やってみるのじゃ……!!
やってみるのじゃ——っていってもよお……
けどなんとかしなきゃ
1台でも売らなきゃ

どうぞ ご試乗 ください
ありがとう
花咲が 接客してるの ——お客さん？
ええ フラッと入って 来たかと思ったら 花咲さんに ベッタリ〜〜〜
ひそ ひそ
どうせ ただのひやかし でしょ？
買う気なんて ないくせに
あれは 最高級車 だから 売ったら スゴいけどね

ステキね
見積り
出して
もらえる？
ぎょえっ
はっはい
ただいま
そうねえ
今じゃなくて
夜 自宅のほうに
持って来てもらえる
かしら？
もちろん
あなたが
来てくださる
わよね
HIKARI
承知
いたしました
どこのマダム？
………

今日 私の誕生日なのに
ぷい
大丈夫 そんなに時間かからないって
ええ わかってます 支店が大変なときですもんね お客様は神サマです
そう そう
やったな 花咲
日ノ本《ひのもと》
白川《しらかわ》さん フォローしとけよ 誕生日だって？
ひそっ
あっ

オレも がんばろっ
こちらが お見積りに なります

最初からこんなに値引きしてくれるの？
はいっ
他社とくらべていただけるとわかると思いますがかなり勉強させていただきました
この車はぜひ奥様のような方に乗っていただきたい車ですので
お上手ね
そうね決めたわこれでお願いするわ
ありがとうございます
その代わりドライブに付き合っていただけない？
——え……
これからですか？

ええ いいでしょ？ 高い買いもの したんだし
……わかりました お伴させて いただきます
ブブブ
ハイ あ……明《あきら》さん？
美鈴《みすず》？
悪いんだけど 長引きそう なんだ 食事は 明日に しないか？

そう わかったわ うん 明日ね
あら もしかして 恋人？ 私 無理 いっちゃったかしら
いえ…… 会社です
じゃあ 行きましょう

いいお車ですね まだ買って間もないのではないですか？
そうね 3か月たったかしら
3か月!?
もう飽きちゃったの
それに
あなたのこと気に入ったから
あ……ありがとうございます
私のお友達にも車の購入を考えている人がいるの
何人かご紹介できてよ

本当ですか？
そのかわりときどきこうして会ってほしいの
悪い話じゃないでしょ？
クスッ
白川さん

日ノ本さん？
ひとり？花咲は？
彼仕事が長引いてるみたいなの
そっかあ
花咲ハンコもらうだけなのに何やってんだ？
白川さんの誕生日なんだろ？
よかったら一緒にメシ食わない？
誕生日だろ？おごるよ
本当ですか？
やったあ
らっきーっ

いいよなあ
白川さんの
笑顔
幸運の女神って
こういう風に
微笑むのかな
……？
ごちそう
サマでした
相手が
花咲じゃなくて
悪いけど
いいえ
誕生日
ひとりじゃ
ないって
だけで
うれしいです

あ
ヴィタンの新作だあ かわいい
ん？ー
180,000
げ
信じられね——っ バッグひとつが 18万円!?
こんなの買うヤツいるのか!!
あら コレ人気あるんですよ
新作なんて入荷したら即 売れちゃうし
わざわざ海外にまで行って買う人もいるんですよ

不景気なのにな—
自分が本当に欲しいものにはお金は惜しまないものですよ
自分が本当に欲しいものにはお金を惜しまない……
………
——日ノ本さん？
あっいや じゃあ ここで……
今日はどうもありがとう
ふ———

白川さんとつかの間だけど恋人気分が味わえて
久々に明るい気分になつた
花咲には悪いけど偶然のチャンスに感謝だな
あ……
もしかして落ち込んでる俺を励ますために貴光《たかみつ》がとりなしてくれたのかも
だとしたら
貴光ありがとな俺がんばってみるよ

――いやいや今回のは本当にただの偶然なのじゃが……
そのように感謝されるとちと力を貸してやりたくなるのう
守護霊・豆知識
守護霊は実はこういう『感謝』にホロリとくるのであった
素直に感謝されると嬉しゅうて助けてやりたくなる
守護霊というのはけっこう単純な性格なのじゃ
一《はじめ》殿

パコ
一《はじめ》殿!!
その番組を
見るのじゃ
最近
こういった
高級家電が
人気なんですね
人気の秘密は
カラフルな色と
デザインなんです
家電品は
購入後
長く使えますから
多少高くても
気に入った物をと
考えられています

個性的な物を求める消費者によって この高級家電人気はまだまだつづきそうです
自分が本当に欲しいものにはお金を惜しまない
もしもみんなが欲しがる車が……!!
他にはない個性的な車を作れたら
値下げ競争にたよらなくても売れる……!!
でも

そんなこと
どこの自動車
メーカーだって
考えてるよな
車作りの
プロが
ぺふっ
けど
考えてみると
国産車つて
どれも
似たり寄つたり
だな
デザインも
機能も
大差ない
カンジ
特定のメーカーが
好きな人は
別だけど
こだわらない
人にとつての
決め手は
値段や
オプションしか
ないんだ
みんなが
欲しがる車!!
俺なりに
考えて
みるか!?

HIKARI
4WDフェア
まず各メーカーの車の資料を分析してみるか……
ぶつぶつ
それから——
ちゃんとがんばっておるの
一《はじめ》殿がそのつもりなら……
それで——
ぶつぶつ
さっ
我ら守護霊団も力を貸そうぞ

守護霊・豆知識
前向きに努力すると守護霊は増えます 増えてパワーUPして援護するのです
一《はじめ》殿のためにがんばるのじゃ
おらっ
わら
私は一《はじめ》殿の健康管理をしよう
私は商人としての才覚を
文殊《もんじゅ》菩薩《ぼさつ》様 何か良い知恵はありませぬか？
わら
わら
私は――

前向きに
一歩ずつ進むのじゃ
一《はじめ》殿……!!
やったな
花咲!!
ど……どうしたんです?
花咲が契約取ってきたんだよ
おーっ
おめでとう
昨日の女性?
ああ
ポン
アレ1台売れればファミリーカー数台分売り上げたと同じっ
この勢いに乗って支店全員一丸となってがんばるんだ
うまくすれば他にも顧客を紹介してもらえそうなんだ
ヘェ——
良かったな

あ……そうだ
昨日
白川さんと
メシ食ったよ
美鈴と？
そうか
寂しい誕生日に
ならなくて
良かった
ありがとう
日ノ本さん
昨日は
ごちそうさま
でした
いえいえ
美鈴
ごめんな
今日は
フンパツする
から
もう店も
予約してる
んだ
えっ本当？

じゃっ オレ先 行くから
おう
わかってるさ あの笑顔は 花咲のもの だって……
オレは 仕事に 燃えるんだ
がんばるぞ
お前の口から そんな言葉が 出るとはな
か…… 課長……
まあ 期待して ないが…… がんばれ
…はい……
ムリするな

くつそう 見てろ!!
みんなが アッと驚く ようなコト 考え出して やるからなっ
今までの 俺なら
あんな風に いわれたら 落ち込むだけ だつたのに……
今は……
"もっとがんばって 認めてもらおう"って 気になつてる
貴光《たかみつ》にいろいろ いわれてるうちに 少しは変われたの かな……?
一《はじめ》殿……

一殿《はじめ》は着実に成長しておるぞよ!!
魅惑の名車
世界の名車
みんなが欲しがる車なんて漠然《ばくぜん》と考えても全然まとまらないな——
では一殿《はじめ》の欲しい車は どんな車なのじゃ?
俺の欲しい車ならいろいろ 浮かぶけど……

色はスカイブルー
小型のボディ
エンジンの馬力がけっこーあって
サンルーフもあって……
でもこれは〝オレの欲しい車〟であって
〝みんなの欲しい車〟じゃないよな
ならばいろんな人に〝自分の欲しい車〟をたずねてみてはどうじゃ？
そうだよ実際に買う人に聞けばいいんだ
今……貴光の声がしたような気がしたけど……
最近 姿見せないなアイツ……
いそがしーのか？

一《はじめ》殿……
今ここで姿を現せばそなたはまた私を頼るようになってしまう
姿は現さぬが……
そなたが前向きに努力している限り
私はいつでも側にいるぞよ
ピンポーン
こんにちは光自動車です
今日はアンケートのお願いなんですが
〝こんな車が欲しい〟という皆様のご意見を……

こんにちはー光自動車ですアンケートの協力お願いします
こんにちは
ふう
もうこんな時間じゃんひと休みして昼メシにするかー
えーっとどこで…

花咲と あの女性!?
あ……ああ
他のお客を紹介してもらうっていってたし
別に勘ぐることないか……
アイツには白川さんがいるんだしな……
ブロロロロロ
日ノ本さん

残業ですか？
ちがうん
だけどね
ちょっと……
白川さんは
もう上がり？
もしかして
花咲と
デートかな？
ハズレー
はっ
最近 彼
忙しい忙しいって
かまってくれ
ないんですよ
関係ない
関係ない
今っ
支店が大変
だからねー
パサッ
そうだ
よかったら
白川さんも
これ書いてよ

アンケート?
お客さんが どんな車を 欲しがってるのか 聞いてるんだ
〝みんなが欲しがる車〟を 提案できたら
——と思って
俺みたいなのに 作れるかは わかんないけど
いいアイデアも あると思うんだ
いろんな 意見が ありますね
そうなんだよ すべての意見を 満たす車なんて ムリッ
多い意見をとって 平均化すると 結局 個性のない 車になっちゃうし
オーダーメード できれば いいんだけどな
洋服や クツみたいに

ひとりに1台ずつ？
手間やコストを考えると1台がメチャ高になっちゃうな〜〜〜
そっか——
車のオーダーメード
——でもそれができればいいんだよな

もう帰るの？
ええ
明日も仕事ですから
少し待ってて送っていくわ
ギシ
シャー
ブーン
ブー
ブー
白川美鈴
090123456

プツッ!
あ――ん
もうっ
家にも帰ってないし
まだ営業してるのかなあ?
今朝 顔見ただけだから
声だけでも聞きたかったのに
今から行っちゃおうかな?
合いカギ持ってるし

どうも
待って これ
フラワー アレンジメントの 教室のお友達
カタログ 持って来て ほしいそうよ
あなたのこと 話したら ぜひ会いたいって
ありがとう ございます
クスッ

それじゃまた連絡するわ
おやすみなさい
ブーッ
ふぅっ
美鈴
彼女は大事なお客さんで……
あー
さっきのは彼女がふざけてやったことだ
ウソ!!

美鈴!!
ダメだ
無い脳ミソ絞りすぎて頭が痛い
ゴロゴロ

コンビニで何か買って来るかな?
バリバリ
一殿《はじめ》……
スポーツ新聞ないのか?
駅へ行くのじゃ一殿《はじめ》……!!
なんか知らないけどスゴく読みたい
駅のそばのコンビニへ行ってみるか
え?

白川さん
どうしたの？
こんなに
遅くに……
日ノ本さ……
涙？
わ――っ

第4章
強運の扉が開かれる!!

はい どうぞ
ありがとう
ドキ ドキ
日ノ本《ひのもと》さん覚えてる？
私の誕生日に支店に来た女の人……

彼 あの人と会ってたの
えつ
やっぱり あの ふたり
白川《しらかわ》さん 俺だつたら そんなこと しないのに
白川さん みたいな 彼女がいたら 絶対——
な…… 何か まちがいかも しれないし 一度よく 話し合って みたら?

話なんて……
そうだ 例のクルマの話 どうなりました？
え？ あ……うん いろいろ考えてるんだけど……
前にキミがいった オーダーメード的な物を取り入れたいんだけど オーダーメードって ものスゴく非効率なんだよね
なら セミオーダーはどうかしら？

お洋服でも決まったデザインや生地《きじ》の中から 自分で選んで作ってもらうシステムがあるんです
オーダーメードよりバリエーションは少ないけど
その分割安にできるの
車も同じようにして好きに組み合わせられれば楽しいと思うわ
セミオーダーか……
それをパソコンででき上がりをいろいろ試せるようにできないかな？
でき上がりのイメージを見せるわけねっ

それなら
いっそ
インターネットで
注文受けるとか!!
ホームページ上で
シミュレーションして
楽しめれば
その気になるかも
しれないわ
すっすごい
なんか形に
なってきた……
ええっ
ありがとう
白川さんの
おかげだよ!!
じゃあ
企画書に
まとめましょう
え……

あ……ごめんなさい
よかったら
私にも手伝わせて
それは
うれしいけど
……いいの？
忙しくしてる
ほうがいいの
気が
紛れるから
花咲《はなさき》のこと
やっぱり
かなりショック
なんだろうな

翌日から
仕事の後
ふたりで企画書に
取り組んだ
白川さんは
花咲を避《さ》けて
話をしない
ようだ
花咲も
あの女性と
まだつづいてる
ようだつた
はい
伺います
白川さん
ここに付ける
グラフだけど

花咲のことを
考えている
彼女を見ると
胸が切なくなる
できたっ
やったわね!
うん
やれるだけは
やったって
カンジ
HIKARI
HIKARI
君が側にいて
くれたから
あ……
白川さん……
もし
この企画が
採用
されたら

「もし」なんて いっちゃダメ!! この企画は 最高!! ぜったい 採用されるって 信じなきゃ
自分を信じて 前に進むのじゃ
そっか そうだね
そうよ
さあ 帰りましょう!!
明日は 課長に企画書 見せるんだから
ポン
あ…… ああ
今日は よく眠ってね

あっちょっと待って
神社にお参りして行く
え?
まあこんな所に神社が
俺も全然知らなくて偶然見付けたんだ
ヘェ――
お参りして行こう

今の自分なりに一生懸命がんばりました
どうぞお客様が満足してくれて………

こうなって欲しいという、結果の事柄ばかりを祈らないこと。相手良し、われも良しの発想と神霊の働きに対する信頼と感謝の心で祈る。（『強運』より）

ダメだ眠れない……
明日企画書を課長に見せるなんて
オレクビとぶかもっ
わーっ
だってオレって……
課長の誕生日のとき
課長おめでとうございます
いいことありそうな1年ですよね

おまえ厄年《やくどし》って知ってるか?
俺は厄年なんだよ
え……
うふっ
1か月も前から入念に準備したのに間の悪い結果になってしまった
パソコンに2週間がかりでデータ入れて
よーしこれでOKだ
カチ
突然パソコンがぶっこわれた
プシュー
プスプス

それとか
それとか
俺が
一生懸命やって
むくわれたこと
ないんだヨォォォ
今回だって
だめかも
しれん……
ウロ
だって
俺って
運悪いもん
ウロ
ああっ
一殿《はじめ》
また
そのような
ことを……
ウロウロ…
ガーン
グラッ
コーン
たっ
なっ
なんだ?

ああ……
これは神主《かんぬし》さんがくれた本
救《きゅう》霊《れい》?
そうじゃ そのページを読むのじゃ
救霊とは運勢を悪くしている霊的原因を取り除くこと
え? 運が悪いって悪霊《あくりょう》のしわざなのか?
じゃあ救霊を受けてから企画書出せばいいのかな?

そうだよな 一生懸命 作った企画書だし 救霊とか受けて おいたほうが 安心するよな
コクコク
えっとォ 場所は――
これで 大丈夫じゃな ――一《はじめ》殿……
ワールドメイト
救霊を 受ける方 ですね
こちらへ どうぞ
は…… はい

ハイ 終わりましたよ
嘘みたいに心が軽い 救霊って……おれに憑《つ》いてた悪霊がいなくなるって本当なんだ
よしっ この勢いで企画書出してしまおう
今なら うまくいく そんな気がするんだ
課長!!

新しい車の企画 考えたんです
見てください
車の企画っ？
何 考えてんだ お前
あ〜もう
俺たちはな 車を売るのが 仕事なのっ
それより 花咲を 見習え
また 1台 成約させたぞ
花咲

あの女性と まだ つづいてるのか……？
まーー とりあえず コレ見とくから
さっさと 営業に 行って来い
はっはい よろしく
ん？
そういえば 課長 怒んなかつたな
しかも ちゃんと 読んでくれてる
これも 救霊の おかげかな？
コクコク

こんにちは――
光《ひかり》自動車
で――す
あら
光のお兄さん
顔つきが
明るくなった
わね
ありがとう
ございます

めったに
ほめてくれない
奥さんが
ほめてくれたぞ
俺さ――
今度
車買い替え
よーと
思ってんだ
あの
光自動車
ですが
え？
うそみてぇ
契約
取れちゃった
売買契約書
本当に
運が良く
なってるよ!!

今なら
なんでも
できる
気がする
ひゃ〜っ
どんなことでも
おもしろいと思って
接すれば
おもしろい所が
見えてくるし
つまらないと
思って接すれば
そういう所しか
見えなくなる
人の心とは
不思議なもの
だからこそ
心の持ちようが
大切なのじゃ
正しいことのために
前向きな心を持って
進めば……
この品物には
絶対の自信が
あるんだ
みんなに
使ってもらえて
それで売れれば
僕も幸せ!!

口コミで評判が広がって
マスコミにも取り上げられたぞ
大ヒット
物事は必ず好転する
しかし後ろ向きに考えていると
いいものだけど知名度がないし
ウケないよ
別にいいや給料もらえれば……
エッ
会社が倒産
さらにこんなのは最悪!!
全然 価値のないものでもだまして売り付ければいいさ
ひっひっひっ
お金のためなら他人が不幸になっても平気
これでは必ず不幸な結末しか待っていない

貴光《たかみつ》の
いつてたこと
今なら
良くわかる
アイツ
どうしてん
だろう
まだ
オレのこと
守つてくれて
るのかな？

守っておるぞよ
一《はじめ》殿
HIKARI
4WDフェア

日ノ本さん
あ 白川さん
あれから半月ほどたつけど
課長 何かいってきた？
ーーいや 何も
そっかー 残念ね
いいさ また考えるよ
今なら俺もっとがんばろーって思えるんだ
おーい 日ノ本
はっはい
実はな

ワシの大学の先輩だった人が本社の開発部にいるんだ
それでお前の企画書その人の所に送ってみたんだが
——はい
自動車開発のプロがいるんだから営業が余計なことするな
——っていわれたよ
やっやっぱだめか——
だがな
アイデアはおもしろい
さっそくプロジェクトチーム作って
実現化を計るそうだ

採用されたんだよ
お前の案が
やったな日ノ本良かったな
ありがとうございます
——採用された
実現するんだ
オレの企画!!

おい
日ノ本
聞いたよ
オマエの企画
通ったってな
普通
営業の企画
なんて
通んないぞ
お前
がんばってた
もんな
変わった
もんな
パシパシ
こちょ
こちょ
くそー
ラッキーな
ヤツだぜ
ラッキーな
だけじゃ
ない!!

白川さんにたくさんアイデア出してもらって助けてもらった
パチ
パチ
それと――貴光……

おーし
日ノ本のためにも会社のためにもこの企画成功させようぜ!!

前みたいに直接あれこれ助けてもらったわけじゃないけど

ずっとお前に守られてるって感じてた

わっしょい
……
ブル…
はい
私よ
会いたいの
わかりました
伺います
ピッ
ぐっ

何やってんだ
オレは――
日ノ本の
企画した車は
発売と同時に
大きな反響を
呼んだ
自動車界初
セミオーダー
光自動車
こんにちは
光自動車
ですが
あー今うち
予定ないから
あっそうそう
おたくの出した
セミオーダーの
ヤツ
カタログ
あったら
もらえる？
はい
ありがとう
ございます
そして
不思議な
ことに

他の車の売り上げも上昇したのだ
お前の企画のおかげでわが社のイメージが上がったって本社にいわれたよ
そうですか
次の企画はお前に手伝ってもらいたいらしい
どうだ本社でやってみる気はあるか？
本社って 車の企画ですか？
これはものすごくいい話だぞ
まあ返事はじっくり考えろ
ところで
お前 花咲と仲良かったよな

ここんとこ無断で会社を休んでるんだ電話しても出ないし……お前知らないか？
花咲？
ピンポーンピンポーン
花咲いるのか？ 俺だ日ノ本だ
402
花咲 明
カチャ
開いてる
花咲……いるのか？
もぞ…
なんだ……日ノ本か……

会社……無断で休んでるだって？
課長が心配してる……
もぞ
放っといてくれ……
どうしたんだよ!!
お前らしくないじゃないか!!

俺はずっとお前に憧れてお前が目標だった
頼むからそんな姿見せないでくれっ
あの女性のせいだろ？
クッ
あせってたんだ支店のためになんとしても車を売らなくては……と
それが支店の営業トップの僕のプライドだった
クスクス
でもそれはまちがってた大事なモノを失ったことに気がついたよ
——花咲……

……
あなたの
運がドンドンよくなる
LUCKY FORTUNE
俺は
それ以上
何もいえず
黙って
本を置いて
立ち去るしか
なかった
パタン
花咲
なんとか
立ち直ってくれ
一《はじめ》殿……

貴光
久しぶりじゃのう
今まで何してたんだよ俺ずっとお前に会いたかったよ
ずっと姿は現さなかったがお前の側にいたぞよ
お前の活躍を見せてもらった
一《はじめ》殿成長したのう……
今宵はいとまをいいに来たのじゃ

いとまって
どこかへ
行ってしまう
のか？
一殿《はじめ》が人間として
立派になられたので
もっと高位の
守護霊と交代
することにしたのじゃ
そんな
待ってくれよ
俺には
お前が
必要だよ
大丈夫じゃ
私もちゃんと
一殿《はじめ》を
守護して
おる
守護霊団の
一員として
一殿《はじめ》を守護
しつづけておる
でも
これからは
………

もっとパワーのある守護霊が前面に立って一殿《はじめ》を守る故
ますます開運じゃ
貴光……
守っている一殿《はじめ》ががんばっているとうれしゅうて
とてもよい思いをさせてもろうたぞ
ではな……

貴光……
一《はじめ》殿はもう
わかって
おられる
自分が正しいと
信じることに
向かって
まっすぐ
進めば良い

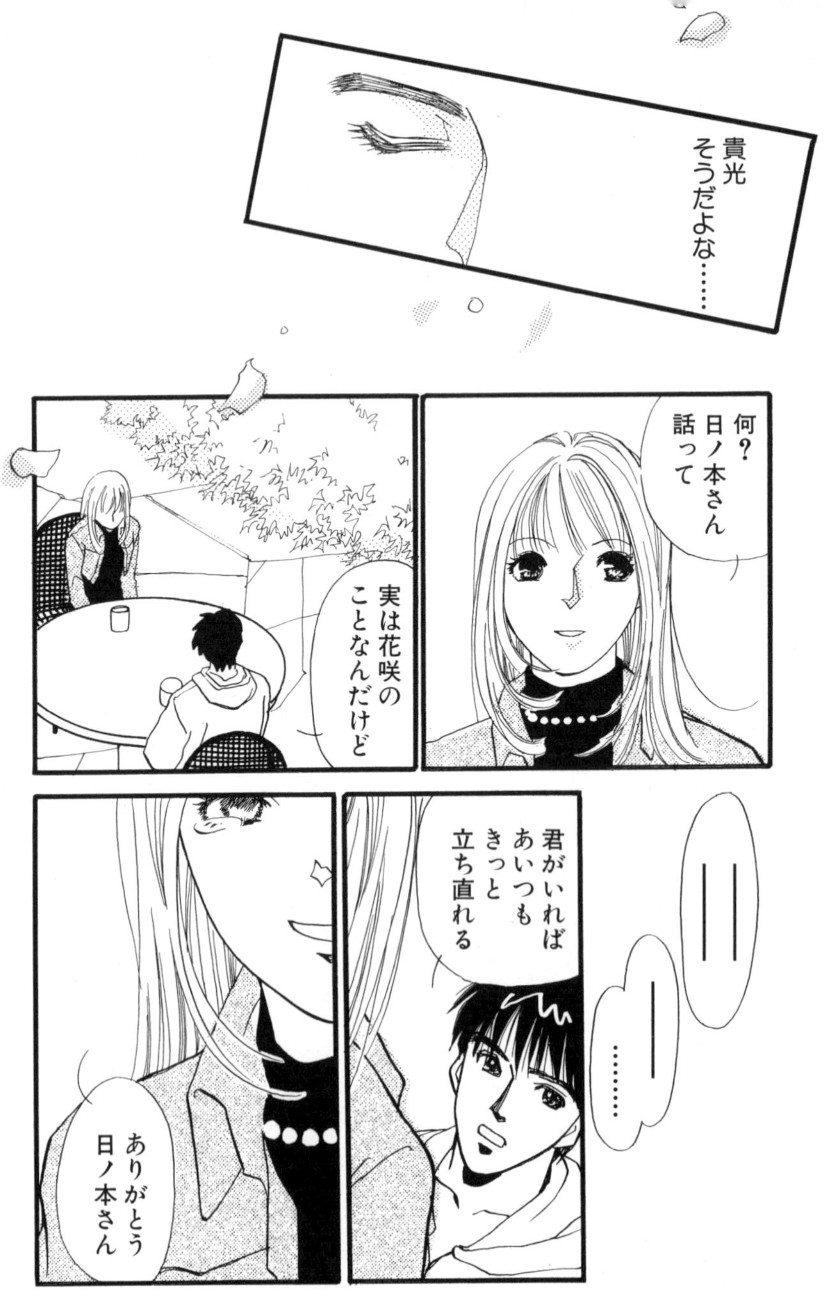
貴光
そうだよな……
何？
日ノ本さん
話って
実は花咲の
ことなんだけど
――
――……
君がいれば
あいつも
きっと
立ち直れる
ありがとう
日ノ本さん

これで何もかももと通りだ
支店には活気が戻った……
花咲だってすぐに戻って来てまた営業トップになるだろう
課長……
例の異動の件ですが
お受けしようと思います

そうか がんばれよ
はい お世話に なりました
花咲はその後 救霊を受けた
色情《しきじょう》因縁《いんねん》だったようだ
——その数か月後

これで
良かつたん
だよな
グスッ
ポンッ

久美子《くみこ》……
久美子ブーケ!!
ポーン
きゃーっ

運がつく
つかないの
ちがいは——

運が良くなる原則をどのくらい自分の行動の基本にしているかどうかによって決定されます
ここでは幸運をもたらす原理原則と本人の潜在能力を神霊界の視点からとらえています

そして
実際に幸福になる
ためのハウツーも
紹介しているので
あとは
この本を読んだ
あなたが
それを実践するか
どうかです

『神界幸運ロゴ』パワーマークの使い方

このマークにはパワーがこもっている。いや、正確に言うならば、神霊星世界からの霊的波動をキャッチする、一種の〝受信装置〟であり、それだけで神霊を呼び寄せてしまう、古代の神霊文字だと考えていい。

ラジオやテレビは、目に見えない電波をキャッチして、それを映像や音声にしてしまう。それと同じように、『神界幸運ロゴ』パワーマークも、幸運の星からやってくる霊波を受信、私たちが感じる具体的なパワーとして地上にあらわしてくれるのだ。

この『神界幸運ロゴ』パワーマークは、使用する人間がそれを信じないと、パワーは発生しないようになっている。どんな高性能のテレビやラジオがあっても、バッテリー源がなければ、ただの鉄の塊にすぎないのと同じだ。つまり、信じる力が電源となる。

では、使い方を説明しよう。

このパワーマークを机なり壁なりに貼ってみる。なるべく静かなところがいいだろう。

①マークの中心を、最低1分間は見続ける（霊的に鋭い人は、マークが金色、あるいは薄紫色にピカピカ光っているのがわかるだろう）。目の奥から自分の潜在意識の中に、マークが刻印されるようなイメージで見ればいいだろう。

②すでに、目的は達成された、という思いをつくる。1分間見続けたあと、パワーが全身を包み、すでに願いはかなったんだ、という意識を強く持つようにする。「すでに○○は成った！」と口に出すのもいいだろう。

③マークが意識の中で、「生きている」と感じるようにする。つまり、神霊星世界のパワーが脈打っていることを信じるわけだ。

④マークと本文の内容を実践すれば、強運作用は倍加される。

以上、四つのポイントを押さえながら、マークを活用する。もちろん、小さくコピーして常に身につけていてもいい。

「本当に、神霊星世界のパワーが来ている」と信じる力の強さに応じてパワーの強さは変化する。強く信じれば、強いパワーが得られるというわけである。

（スーパー開運シリーズ『強運』より）

〈幸運が呼べる〉

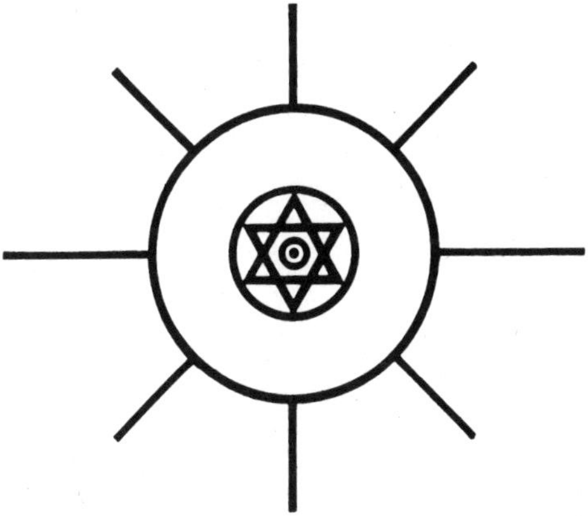

〈守護霊団合体パワーアップ〉

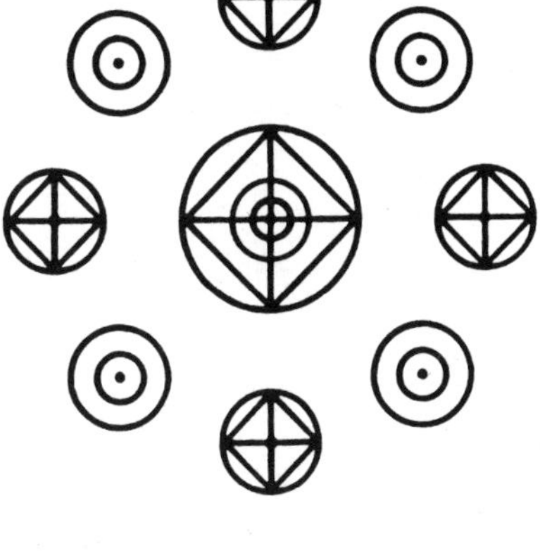

★この作品は、スーパー開運シリーズ『強運』
（ＴＴＪ・たちばな出版刊）をもとにアレンジ、
マンガ化したものです。

深見東州氏の活動についてのお問い合わせは、下記までお願いいたします。
また、無料パンフレット(郵送料も無料)が請求できます。ご利用ください。

お問い合わせ　フリーダイヤル
0120 - 507 - 837

◎ワールドメイト

東京本部	TEL	03-3247-6781
関西本部	TEL	0797-31-5662
札幌	TEL	011-864-9522
仙台	TEL	022-722-8671
名古屋	TEL	052-973-9078
岐阜	TEL	058-212-3061
大阪(心斎橋)	TEL	06-6241-8113
大阪(森の宮)	TEL	06-6966-9818
高松	TEL	087-831-4131
福岡	TEL	092-474-0208

◎ホームページ
https://www.worldmate.or.jp

深見東州
(ふかみ とうしゅう)
プロフィール

本名、半田晴久。別名 戸渡阿見《ととあみ》。1951年に、甲子園球場近くで生まれる。㈱菱法律・経済・政治研究所所長。宗教法人ワールドメイト責任役員代表。

著作は、193万部を突破した『強運』をはじめ、ビジネス書や画集、文芸書やネアカ・スピリチュアル本を含め、320冊を越える。CDは112本、DVDは45本、書画は3723点。テレビやラジオの、コメンテーターとしても知られる。

その他、スポーツ、芸術、福祉、宗教、文芸、経営、教育、サミット開催など、活動は多岐にわたる。それで、「現代のルネッサンスマン」と呼ばれる。しかし、これらの活動目的は、「人々を幸せにし、より良くし、社会をより良くする」ことである。それ以外になく、それを死ぬまで続けるだけである。

海外では、「相撲以外は何でもできる日本人」と、紹介される事がある。しかし、本人は「明るく、楽しく、面白い日本人」でいいと思っている。

(2025年5月現在)

マンガ／保沢 環（ほざわ たまき）

1月17日東京生まれ。山羊座、B型。白泉社『セリエ』でデビュー。
〔著作物〕単行本＝『手話で伝えたい・キャンパス物語』『手話で伝えたい・オフィス編』（画・廣済堂出版）、コミック『強運』（たちばな出版）。
雑誌･新聞＝あおば出版でミステリー、恋愛協奏曲、ラブコメ等連載中。
週刊『少年少女新聞』「チビマロ」ハムスターマンガ連載中。

コミック **強運 1** ツキを呼び込む四原則・編

平成14年3月22日 初版第1刷発行 定価はカバーに記載しています。
令和7年7月7日 初版第28刷発行

原 作 深見東州
マンガ 保沢 環
編 集 株式会社 菊池企画
発行人 杉田百帆
発行所 株式会社 TTJ・たちばな出版
〒167-0053 東京都杉並区西荻南2-20-9 たちばな出版ビル
TEL 03-5941-2341(代) FAX 03-5941-2348
ホームページ https://www.tachibana-inc.co.jp/
印刷・製本 TOPPANクロレ株式会社

ISBN978-4-8133-1274-1

スーパー開運シリーズ

各定価（本体1000円+税）

●193万部突破のミラクル開運書—ツキを呼び込む四原則

強運

深見東州

あなたの運がどんどんよくなる！
仕事運、健康運、金銭運、恋愛運、学問運が爆発的に開ける。神界ロゴマーク22個を収録！

●85万部突破の金運の開運書。金運を呼ぶ秘伝公開！

大金運

深見東州

あなたを成功させる、金運が爆発的に開けるノウハウ満載！「金運を呼ぶ絵」付き!!

●40万部突破。ついに明かされた神霊界の真の姿！

神界からの神通力

深見東州

不運の原因を根本から明かした大ヒット作。
これほど詳しく霊界を解いた本はない。

●30万部突破。現実界を支配する法則をつかむ

神霊界

深見東州

人生の本義とは何か。
霊界を把握し、真に強運になるための奥義の根本を伝授。

●41万部突破。あなた自身の幸せを呼ぶ天運招来の極意

大天運

深見東州

今まで誰も明かさなかった幸せの法則。
最高の幸運を手にする大原則とは！